Clasificación animal

Anfibios

por Erica Donner

Bullfrog Books

Ideas para padres y maestros

Bullfrog Books permite a los niños practicar la lectura de texto informacional desde el nivel principiante. Repeticiones, palabras conocidas y descripciones en las imágenes ayudan a los lectores principiantes.

Antes de leer
- Hablen acerca de las fotografías. ¿Qué representan para ellos?
- Consulten juntos el glosario de fotografías. Lean las palabras y hablen de ellas.

Durante la lectura
- Hojeen a través del libro y observen las fotografías. Deje que el niño haga preguntas. Muestre las descripciones en las imágenes.
- Lea el libro al niño, o deje que él o ella lo lea independientemente.

Después de leer
- Anime a que el niño piense más. Pregúntele: ¿Ya conocías a algunos de estos anfibios?

Bullfrog Books are published by Jump!
5357 Penn Avenue South
Minneapolis, MN 55419
www.jumplibrary.com

Library of Congress Cataloging-in-Publication Data

Names: Donner, Erica, author.
Title: Anfibios / por Erica Donner.
Other titles: Amphibians. Spanish
Description: Minneapolis, MN: Jump!, Inc., [2017]
Series: Clasificación animal
"Bullfrog Books are published by Jump!."
Audience: Ages 5-8. | Audience: K to grade 3.
Includes bibliographical references and index.
Identifiers: LCCN 2016046991 (print)
LCCN 2016047839 (ebook)
ISBN 9781620316368 (hard cover: alk. paper)
ISBN 9781620316429 (pbk.)
ISBN 9781624965265 (e-book)
Subjects: LCSH: Amphibians—Juvenile literature.
Classification: LCC QL644.2 .F74518 2017 (print)
LCC QL644.2 (ebook) | DDC 597.8—dc23
LC record available at https://lccn.loc.gov/2016046991

Editor: Kirsten Chang
Book Designer: Molly Ballanger
Photo Researcher: Kirsten Chang
Translator: RAM Translations

Photo Credits: All photos by Shutterstock except: Alamy, 8–9, 16–17, 20–21, 23br; Getty, cover, 1; National Geographic Creative, 13; Superstock, 4, 5; Thinkstock, 10–11.

Printed in the United States of America at Corporate Graphics in North Mankato, Minnesota.

Tabla de contenido

Mojado y seco

¡Mira! ¿Qué es eso?

¡Un sapo!

Los sapos son anfibios.

5

Las ranas también.

Una salamandra.
Un tritón.

salamandra

tritón

Los **anfibios** pueden
vivir en el agua.

También pueden
vivir en la tierra.

huevos

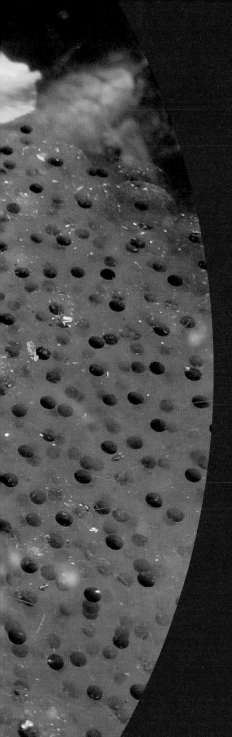

Su vida empieza
en el agua.

La rana pone huevos
en un estanque.

¡Mira! Salen de
los huevos.

¡Renacuajos!

renacuajos

13

cola

Los renacuajos
son ranas jóvenes.

No tienen patas.

Tienen colas.

Ellos nadan.

Tienen branquias.

Pueden respirar en el agua.

Pronto les crecen patas.

Las patas traseras
son fuertes.

Pueden brincar.

Les crecen pulmones.
Pueden respirar aire.
Ahora pueden
vivir en tierra.

¡Los anfibios son geniales!

¿Qué le hace ser un anfibio?

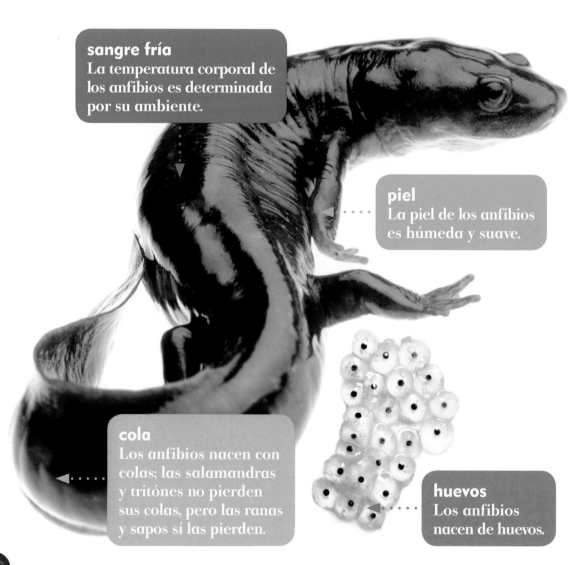

sangre fría
La temperatura corporal de
los anfibios es determinada
por su ambiente.

piel
La piel de los anfibios
es húmeda y suave.

cola
Los anfibios nacen con
colas; las salamandras
y tritónes no pierden
sus colas, pero las ranas
y sapos sí las pierden.

huevos
Los anfibios
nacen de huevos.

Glosario con fotografías

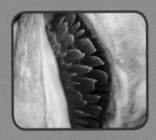

branquias
Órganos usados para obtener oxígeno del agua.

salamandra
Anfibio parecido a una lagartija con piel húmeda y suave, patas y una cola.

pulmones
Órganos usados para obtener oxígeno del aire.

tritón
Un anfibio parecido a una lagartija que la mayor parte del tiempo vive en el agua.

Índice

Para aprender más

Aprender más es tan fácil como 1, 2, 3.

1) Visite www.factsurfer.com

2) Escriba "anfibios" en la caja de búsqueda.

3) Haga clic en el botón "Surf" para obtener una lista de sitios web.

Con factsurfer.com, más información está a solo un clic de distancia.